GEWICHTSABNAHME-PSYCHOLOGIE

ERFAHREN SIE ALLES, WAS SIE ÜBER DEN NATÜRLICHEN ABBAU VON KÖRPERFETT WISSEN MÜSSEN, DANK DER PSYCHOLOGISCHEN GRUNDLAGEN DER KALORIENVERBRENNUNG

Jessy M. Brown

Erste Ausgabe

Inhaltsverzeichnis

Einführung

Gewichtsabnahme ist eines der Ziele der meisten Männer und Frauen. Wenn dies auch einer Ihrer Lebensträume ist, müssen Sie sich der Aspekte bewusst sein, die Ihnen helfen, die erwarteten Ergebnisse zu erzielen. Einer dieser Aspekte ist seine Denkweise. Ohne starke Entschlossenheit und eine feste Mentalität wären erfolgreiche Ergebnisse bei der Gewichtsabnahme schwer zu erreichen.

Zuerst einmal ist das Ändern Ihres Denkens die erste Sache, die Sie in Betracht ziehen sollten, wenn es darum geht, Gewicht zu verlieren. Ihr Gewichtsverlustplan wird nicht erfolgreich sein, wenn Sie nicht auf die Art und Weise achten, wie Sie denken. Wenn du dir selbst sagst, dass du es nicht kannst, wirst du sicherlich scheitern und eine kleine Chance haben, die Ergebnisse zu sehen. Deshalb musst du dir diese Dinge verkehrt herum vorstellen.

Anstatt negativ über Gewichtsabnahme nachzudenken, sollten Sie sagen, dass ich es tun werde, dass ich es kann und dass ich es schaffen werde. Du wirst mehr Selbstvertrauen haben, dir selbst jedes dieser Dinge zu sagen, sobald du lernst, deine Denkweise zu ändern. Um sich selbst zu motivieren, müssen Sie den Wert der Motivation kennen und wie sie Ihnen helfen kann, Ihre Ziele zu erreichen.

Das ist der Hauptzweck dieses Buches. Mit diesem Leitfaden lernen Sie die wahre Bedeutung einer Mentalität, die Ihnen helfen kann, erfolgreich zu sein und Ihre Gewichtsabnahmeziele effizienter zu erreichen. Es ist wichtig, seine Denkweise zu ändern, und du musst die Gründe erkennen, warum du es berücksichtigen musst.

Sie sind glücklich, dieses Buch zu

finden, weil es Ihnen Ideen, Details, Tipps und alles über Ihr Denken und Ihre Beziehung und Bedeutung zur Gewichtsabnahme liefert.

Mit diesem Leitfaden können Sie Ihr Gewicht kontrollieren und alles lernen, was Sie tun können, um Ihre Ziele zu erreichen. Ihre Reise zu einer erfolgreichen und zufriedenstellenden Gewichtsabnahme beginnt gleich. Lies weiter!

Die Kraft des Geistes über den Körper

Ihre Denkweise spielt eine sehr wichtige Rolle bei der Gewichtsabnahme. Was mit dir physisch passiert, ist nur eine Spiegelung der Veränderungen, die in deinem System stattfinden. Also, du bist, was du denkst.

Eine Person, die danach strebt, ihr Übergewicht zu verlieren, wird Veränderungen in ihrem Blutdruck und ihrer Herzfrequenz erleben. Ebenso reagiert die elektrische Leitfähigkeit der Haut und der Atmung auf Ihre Emotionen und Gedanken.

Vielleicht denkst du, dass du zu dick bist oder dass du körperlich überhaupt nicht fit bist. Wenn du nicht glücklich bist, wird der Stress deinen Körper in einem unsicheren Zustand fühlen lassen. Dies führt zur

Freisetzung von stressverursachenden Hormonen. Wenn stressige Gedanken und schlechte Emotionen verfolgt werden, wird Ihr Körper angespannter. Das stressverursachende Hormon, das so genannte Cortisol, hat einen großen Einfluss auf das Verdauungssystem und das Gewicht. Bauchfett ist eines der sichtbaren Zeichen von Stress.

> ➢ **Wie kann man sein Übergewicht reduzieren?**

Das erste, was du tun musst, ist, deine Meinung zu ändern. Wenn es darum geht, Gewicht zu verlieren, sollten Sie nicht an eine "Ernährung" denken. Stattdessen solltest du die beste Art und Weise lernen, die gewünschten Lebensmittel zu essen. Dabei solltest du eher an Ernährung als an Entbehrung denken. Nutzen Sie die Mahlzeiten, um das am Tisch servierte Essen zu genießen. Die Mahlzeiten sind die richtige Zeit für dich, um die stressigen Probleme oder Gedanken zu vergessen, die du im Leben hast. Auf lange Sicht werden Sie feststellen, dass Sie es genießen, zu essen und weniger zu essen.

Du musst deinen Körper in einem normalen Zustand halten. Deshalb müssen Sie Wege finden, um fit und gesund zu bleiben. Das Essen von Lebensmitteln, die für Ihr Denken hilfreich sind, ist die beste Technik, um Stress zu beseitigen und Ihre Gesundheit zu verbessern. Dies wird es Ihnen ermöglichen, eine erfolgreiche Gewichtsabnahme zu erreichen, auch ohne Diät.

Die Bedeutung Ihrer Mentalität

Engstirnig zu sein, kann der Grund dafür sein, dass Sie mit Ihren langfristigen Gewichtsabnahmezielen nicht erfolgreich sind. Die Entwicklung einer guten Mentalität ist eines der wichtigsten Dinge, die Sie berücksichtigen müssen, um einen dauerhaften Wandel zu erreichen.

Wenn du einen geschlossenen Geist hast, bist du die Art von Person, die dazu neigt, vor Herausforderungen wegzulaufen. Darüber hinaus werden Sie wahrscheinlich leicht aufgeben, wenn Sie Schwierigkeiten bei der Erreichung Ihrer Ziele haben. Obwohl du entschlossen bist, dich zu ändern, ist alles zu schwer für dich. Deshalb entscheiden Sie sich, in Ihrer Komfortzone zu bleiben. Sie sind entschlossen, Schritte zu unternehmen, um Gewicht zu verlieren, aber sobald Sie die Ergebnisse nicht so schnell wie

möglich sehen, ziehen Sie es vor,
aufzugeben und aufzuhören, alles zu tun.

Wenn du aufgeschlossen und positiv
bist, bist du immer bereit und mutig, dich
jeder Herausforderung auf deinem Weg zu
stellen. Du solltest erwarten, dass sich
Hindernisse auf deinem Weg präsentieren,
aber wenn etwas Schlimmes passiert,
solltest du versuchen, mit ihnen mit einer
Strategie umzugehen, die dir hilft, dich in
die positive Richtung zu bewegen.

Wenn du engstirnig bist, neigst du dazu,
nicht auf die Ratschläge und Vorschläge
der Menschen um dich herum zu hören.
Du wirst die Kommentare dieser Leute
ignorieren, damit du auf deinem aktuellen
Weg bleiben kannst. Ihr denkt auch, dass
eure Bemühungen nutzlos sind, weil ihr
wisst, dass ihr es nicht bis zum Ende
erreichen werdet.

Ein aufgeschlossener Mensch ist einer,
der zuhört, was andere ihm oder ihr sagen
können. Es spiegelt auch ihre eigenen

Gedanken, Einstellungen und Handlungen wider. Wenn du diese Art von Mentalität hast, solltest du kleine Schritte nach vorne machen. Eine positive Mentalität zu haben, ist gleichbedeutend mit emotionaler Intelligenz. Du weißt, dass Veränderungen ohne sie nie stattfinden werden.

Wenn du einen geschlossenen Geist hast, neigst du dazu, mehr auf den physischen Aspekt zu achten. Du schaust andere Menschen an und fühlst Neid und Eifersucht, weil sie erfolgreich sind. Du nimmst an, dass du es besser kannst als sie, aber du tust nichts. Eine positive Mentalität zu haben, werden Handlungen anderer zu Ihrer Inspiration. Du zeigst ihre Leistungen und lernst, indem du siehst, was sie tun. Du wirst das nehmen und etwas finden, das für dich funktioniert.

Wie Sie sehen können, wird ein geschlossener Geist Ihnen nie helfen, die gewünschten Ergebnisse zu erzielen. Du wirst für immer in deinem aktuellen Zustand bleiben und keine Entwicklungen und Veränderungen bemerken. Du kannst nicht wachsen, weil du deine Denkweise nicht änderst oder nichts tust, um deine negativen Gedanken zu überwinden.

Wenn du deinen Geist öffnest und dich dafür entscheidest, wirst du anfangen, die Veränderungen zu sehen, die mit dir geschehen. Die Entwicklungen werden sichtbar sein und du wirst anfangen, Erfolg zu haben. All dies wird zu deiner psychologischen Methode kommen. Wenn Sie kämpfen, um Fett zu verlieren und nicht die Änderungen sehen, während Sie den Zyklus immer und immer wieder durchlaufen, lesen Sie dieses Buch und denken Sie darüber nach, was Sie tun können, um die Art und Weise zu ändern, wie Sie denken.

Die Visualisierung Ihres Körpers

Dein Denken, ob positiv oder negativ, kann dein Körperbild beeinflussen. Wenn du versuchst, Veränderungen in der Form deines Körpers und des Gesundheitszustandes vorzunehmen, solltest du mit deinem Geist beginnen. Die Ergebnisse der Gewichtsabnahme, die Sie erwarten, werden Ihnen mitgeteilt, sobald Sie ein richtiges Körperbild entwickelt haben. Ein gut entwickeltes Körperbild scheint eine Blaupause für den genauen Look zu liefern, den Sie erreichen möchten.

➢ Warum es wichtig ist

Ohne eine Änderung in Ihrem Denken vorzunehmen, sind Ihre Gedanken über Gewichtsabnahme gegen die Gesundheitsroutine oder Änderung, die Sie begonnen haben. Du wirst nie etwas finden, das schneller funktioniert als dein Gehirn. Die Schaffung von Gefühlen und Gedanken, die Ihr Körperbild unterstützen, wird Ihnen helfen, die positiven Veränderungen und Ergebnisse zu erzielen, die Sie sich wünschen.

Heute verlassen sich die meisten Menschen, die erfolgreiche Ergebnisse bei der Gewichtsabnahme erzielen wollen, auf die zahlreichen Nahrungsergänzungsmittel, die auf dem Markt erhältlich sind. Die Wahrheit ist, dass die Ergebnisse der Gewichtsabnahme auch einfach durch eine positive Einstellung erreicht werden können. Indem Sie die Art und Weise ändern, wie Sie über Gewichtsabnahme denken und wie sie geschieht, sind Sie sicher, dass Sie die Ergebnisse erhalten, die Sie erwarten. Es wird dir auch erlauben, dein ganzes Leben zu verändern und die neue Form deines Körpers zu erhalten.

Setzen Sie sich Ziele für das richtige Essen.

Der Stoffwechsel ist der Prozess, bei dem die verzehrten Lebensmittel verarbeitet und in Energie umgewandelt werden. Der einfachste Weg, dies zu verstehen, ist die Annahme, dass die Nahrung Benzin für den Körper ist. Sobald sich Ihr Magen geleert hat, beginnt Ihr Körper zu schwächen und versucht, die in Ihren Fettzellen gespeicherte Energie zu nutzen.

Einige Menschen, die versuchen, eine erfolgreiche Gewichtsabnahme zu haben, begrenzen ihre Nahrungsaufnahme, so dass sie weniger als normal essen. Auf der anderen Seite wird es dir nie erlauben, deine Ziele zu erfahren, da dein Körper die reduzierte Nahrungsaufnahme als Hunger interpretiert und Fettzellen als

Überlebensmechanismus für deinen Körper verwendet.

Der effektivste Weg, den Stoffwechsel und die Fähigkeit des Körpers, Gewicht zu verlieren, zu verbessern, ist, täglich häufige kleine Mahlzeiten zu essen. Die meisten Menschen essen in der Regel 2 bis 3 mal am Tag zu großen Mahlzeiten. Um den Stoffwechsel zu verbessern, sollten Sie täglich häufige kleine Mahlzeiten einnehmen. Sie können mindestens 6 mal täglich mit langen Intervallen essen, um Ihrem Körper mehr Zeit zu geben, die Lebensmittel, die Sie essen, zu verdauen.

Indem Sie jeden Tag kleine Mahlzeiten essen, werden Sie sich hungrig fühlen, und das kann verhindern, dass Ihre Fette gegen Hunger verwendet werden. Sie sollten auch mehr Lebensmittel essen, die kalorien- und fettarm, aber ballaststoffreich sind. Diese Lebensmittel sind diejenigen, die Ihnen helfen werden, mehr zu verlieren und bessere Ergebnisse bei der Gewichtsabnahme zu erzielen. Vermeiden Sie verarbeitete Lebensmittel, insbesondere solche mit hohem Fett- und Natriumgehalt.

Sobald Sie die Art und Weise, wie Sie über Essen denken, ändern, wird es einfacher sein, Ihre üblichen Essgewohnheiten zu ändern. Wenn Sie einem bestimmten Programm zur Gewichtsabnahme folgen, sollten Sie sich auf Ihr Ziel konzentrieren. Sie sollten nicht nur abnehmen, sondern auch Ihre Gesundheit verbessern.

Setzen Sie sich Trainingsziele

In Stücke gerissen oder sexy zu sein, ist nicht schwer, wenn du es meinst. Was du tun musst, ist, deine Meinung zu ändern. Sie wissen, dass Bewegung wichtig ist, um Gewicht zu verlieren, und Sie müssen entschlossen sein, es jeden Tag zu tun. Sind hier einige Spitzen, die Sie verwenden können, um die rechte Denkrichtung zu erhalten, die Sie motiviert werden müssen, um regelmäßig zu trainieren.

Regelmäßige Bewegung ist bekannt für die verschiedenen gesundheitlichen Vorteile, die sie bieten kann. Es gibt jedoch nur wenige Menschen, die einen aktiven Lebensstil führen. Wenn Sie Ihre Lebensqualität verbessern wollen, sollten Sie ein Trainingsprogramm starten. Es senkt Ihren Blutdruck und kann Ihr Risiko für verschiedene Formen von Krebs reduzieren.

> ***Hier ist die Vorgehensweise:***

1. Setzen Sie realistische Erwartungen - bevor Sie mit Ihrer neuen Trainingsroutine beginnen, müssen Sie sich zuerst Ihr Ziel setzen. Du musst dir sicher sein, was du erreichen möchtest. Wenn dies das erste Mal ist, dass Sie ein Trainingsprogramm anwenden, sollten Sie nicht überfordert sein. Sie sollten sich zuerst auf ein kleines Ziel konzentrieren und eine Liste mit den Zielen der Gewichtsabnahme erstellen, die Sie erreichen möchten. Sobald Sie realistische Erwartungen gesetzt haben, wird es für Sie einfacher sein, diese zu erreichen. Nachdem du die kleinen Ziele erreicht hast, die du hast, kannst du deine schwer erreichbaren Ziele verfolgen. Wenn Sie einen Plan haben, einem Fitnessclub beizutreten, können Sie dies wünschen, da es mehrere Fitnessstudios mit Personal Trainern gibt, die Ihnen bei Ihren Zielen helfen können. Wenn Sie nicht wirklich wissen, was Sie erreichen möchten, kann die Einstellung dieser Fachleute die beste Lösung für Ihr Problem sein. Sie werden Sie motivieren, indem sie Ihnen die Bedeutung der Konzentration auf den Versuch, mehr Fett zu verlieren, verständlich machen.

2. Finden Sie einen Fitnesspartner - um mehr Spaß beim Training zu haben, möchten Sie vielleicht jemanden finden, der Ihr Fitnesspartner ist, der jeden Tag ins Fitnessstudio geht. Die Forschung zeigt, dass, wenn Sie mit jemandem zusammenarbeiten, Sie motiviert werden, mehr in Ihrem Trainingsprogramm zu tun. Ob du Spaß mit jemandem beim Training hast oder wettbewerbsfähiger wirst und dich selbst vorantreiben kannst, diese Dinge hängen von der Art der Persönlichkeit ab, die du hast.

3. tun Sie weiter, was Sie können - es gibt keinen Grund zur Sorge, wenn Sie nicht genug Geld haben, um die

Studiogebühren zu bezahlen. Es gibt keine Regel, dass die Übung formal sein sollte. Du kannst die Treppe einfach 10 mal am Tag auf und ab gehen. Sie können Ihren Hund auch mit nach draußen nehmen, egal wohin er geht. Jede Handlung, die Ihre Herzfrequenz erhöhen kann, ist eine Art Herz-Kreislauf-Übung.

4. Essen Sie nahrhafte und gesunde Lebensmittel - um körperlich fit zu sein, müssen Sie auf die Lebensmittel achten, die Sie während Ihrer Mahlzeiten essen. Sie sollten eine ausgewogene und gesunde Ernährung haben, die ein sehr wichtiger Aspekt ist, wenn es um Wohlstand und allgemeine Gesundheit geht. Sie können sich an Ihren Ernährungsberater wenden, wenn Sie eine Ernährungsberatung benötigen. Er oder sie kann Ihnen sagen, die richtigen Lebensmittel zu essen und was am besten mit Ihrem Trainingsprogramm funktionieren würde. Denken Sie immer daran, dass Bewegung allein nicht ausreicht, um erfolgreiche Ergebnisse bei der Gewichtsabnahme zu erzielen. Bewegung muss mit einer angemessenen Ernährung kombiniert werden.

5. Viel Spaß - Sie sollten sich nie so fühlen, als wären Sie die einzige Person, die Probleme hat, während sie versucht, Gewicht zu verlieren. Denken Sie daran, dass es Millionen von Menschen auf der ganzen Welt gibt, die vor dem gleichen Problem stehen wie Sie. Den Zustand deines Geistes zu bestimmen ist der erste Schritt, den du unternehmen musst, wenn es um das Training geht.

Du solltest im Hinterkopf behalten, dass es beim Training nicht darum geht, dass sich dein Körper gequält fühlt, sondern um sein eigenes Wohl. Das bedeutet, dass du alles, was du in deinem täglichen Leben tust, genießen solltest. Sie können Yoga wählen, da es eine großartige Möglichkeit ist, Ihren Geist zu revitalisieren, wenn Sie körperlich fit werden. Wenn Sie ein Mann sind, können Sie sich einer

Basketballmannschaft anschließen, in der Sie Spaß erleben werden, während Ihr Körper anfängt, Gewicht zu verlieren. Sie können auch freie Gewichte verwenden. Wenn Sie Ihr neues Trainingsprogramm beginnen, während Sie eine negative Mentalität über Bewegung haben, werden Sie es nie regelmäßig tun können. Denke immer an seine Bedeutung.

Dein Körperbild

Um große Ergebnisse bei der Gewichtsabnahme zu erzielen, müssen Sie die Art und Weise, wie Sie denken, ändern. Eine gute Möglichkeit, die Art und Weise, wie du über Bewegung und dein Körperbild denkst, zu ändern, ist das tägliche Lesen und Schreiben von Affirmationen, was sind Affirmationen und wie können sie dir nützen? Nun, das sind kurze positive Aussagen, die Sie bei Bedarf wiederholt lesen oder schreiben können. Sie können sie in den Bereichen innerhalb Ihres Hauses platzieren, zu denen Sie normalerweise jeden Tag gehen. Wenn Sie sie regelmäßig sehen, haben Sie mehr Selbstvertrauen, sich den Herausforderungen zu stellen und beginnen, härter zu arbeiten, um bessere Ergebnisse bei der Gewichtsabnahme zu erzielen.

Neben der Verwendung von Affirmationen kannst du dein Denken auch durch den Einsatz anderer Techniken verändern:

- Berücksichtigen Sie die Auswirkungen - Sie müssen darüber nachdenken, wie Ihr eigenes Körperbild die anderen Aspekte Ihres Lebens beeinflusst. Du musst darüber nachdenken, wie dein Körperbild deine Arbeit, deine Beziehungen und dein ganzes Selbstbild beeinflusst. Sie müssen entscheiden, ob dies Sie daran hindert, Ihre Ziele zu erreichen oder nicht. Versuchen Sie, darüber nachzudenken, wie sich Ihr Körperbild negativ auf Ihr Leben auswirkt. Zu verstehen, dass die Unzufriedenheit deines Körpers dein Leben beeinflusst, kann ermächtigend sein. Weil das Wissen um die Probleme dazu führt, dass Sie Lösungen für sie finden. Sobald Sie sich der Wirkung von schlechten Körperbildern bewusst sind, können Sie anfangen, etwas zu tun, um sie zu lindern.

- Schau dich an - die meisten Leute beschweren sich über ihre Oberschenkel und ihren Fettmagen. Sie haben mehrere Fragen, die sich auf ihre Fehler beziehen, um die gewünschten Ergebnisse der Gewichtsabnahme zu erhalten. Wenn du einer dieser Menschen bist, musst du ermächtigt werden, damit du dich selbst vollständig sehen kannst. Wenn du vor dem Spiegel stehst, solltest du dein ganzes Wesen beobachten und dich nicht um deine Körperteile kümmern.

- Bauen Sie ein positives und gutes Körperbild von innen auf - die meisten Menschen sind auf äußere Faktoren angewiesen, die ihre Körperbilder brechen oder verursachen können. Wenn Sie eine Zeitschrift lesen und Modelle mit perfekten Körpern sehen, neigen Sie dazu, an Ihrem Aussehen zu zweifeln. Das Lesen einer Internetnachricht über Bewegung und Ernährung kann dazu führen, dass Sie sich schlechter fühlen. Was passiert jedoch, wenn Sie mit einem Körperbild arbeiten,

das äußeren Einflüssen standhalten kann? Du wirst definitiv nie etwas finden, das völlig resistent ist, aber du kannst etwas tun, das dein eigenes Körperbild in etwas Stabiles verwandelt. Du kannst vor dem Spiegel stehen und darauf warten, dass negative Gedanken in deinen Geist eindringen. Sobald diese Gedanken ankommen, musst du dir etwas vorstellen, das dich vor ihnen schützt. Dein Denken, deine Emotionen und deine Herzfrequenz werden dadurch geschützt. Von hier aus wird deine positive Mentalität ins Spiel kommen. Auf diese Weise können Sie sicher sein, dass Sie auf dem richtigen Weg sind.

- Ändern Sie Ihre Denkweise - wenn Sie Ihre Denkweise ändern, befähigen Sie sich, ein entwickeltes Körperbild zu bilden. Wenn Sie erkannt haben, dass Abnehmen nicht das eigentliche Ziel ist, das Sie erreichen müssen, können Sie weiterhin eine gute Selbstversorgerroutine haben. Wenn Sie erkennen, dass Diätpläne nicht

ausreichen, um das zu bekommen, was
Sie wollen, konzentrieren Sie sich darauf,
zuzuhören, was Ihr Körper sagt. Sie
können denken, dass Übungen nicht
wirklich mit Gewichtsverlust
zusammenhängen, aber die Bewegungen
Ihres Körpers können Stress abbauen.

   *- Denke an die positiven
Eigenschaften, die du hast -* wenn du
attraktive Augen hast, kannst du etwas
veröffentlichen, das dich immer wieder an
deine Augen erinnert. Sie können dieses
im Spiegel im Badezimmer platzieren. Sie
mögen mit Kämpfen konfrontiert sein,
wenn sie ihre Ziele erreichen, aber sie
sind gesegnet, diese Eigenschaften zu
haben, die andere nicht haben.

Behalten Sie Ihre Ziele im Auge

Du gehst immer in ein Fitnessstudio, isst eine ausgewogene Mahlzeit und verbringst genug Stunden mit Schlafen, aber du fühlst dich trotzdem nicht wohl. Du denkst, du bist nicht ganz gesund. Heute sind sich die meisten Menschen der Vorteile bewusst, die sie aus der Gesunderhaltung ziehen können. Allerdings verbringen die meisten Menschen keine Zeit damit, über den wichtigsten Aspekt der Gewichtsabnahmekontrolle nachzudenken, und das ist der Geist.

Sie sind vielleicht körperlich fit für Bewegung und eine angemessene Ernährung, aber wenn Ihre Mentalität nicht in gutem Zustand ist, kann sie andere Bereiche Ihres Lebens betreffen. Der schlimmste Teil ist, dass es Sie davon abhalten kann, Ihre Ziele zu erreichen.

Alltagsstress, Depressionen, Angstzustände und andere psychische Probleme sind häufig geworden. In 5 Personen gibt es einen, der irgendwann in ihrem Leben psychische Probleme hat. Diese Situation tritt auf, weil es fahrlässig ist, auf deinen Verstand zu achten.

> ### *Der Wert einer normalen, positiven Mentalität*

Wissenschaftliche Untersuchungen haben gezeigt, dass schlechte Mentalitäten, die durch Stress überwältigt werden, andere Gesundheitsprobleme auslösen können. Denken Sie immer daran, dass eine ungesunde Mentalität zu einem ungesunden Körper führen kann. Die gestörte Mentalität kann auch eine Person binden. Sie können über die Hindernisse für eine gute Gesundheit, eine bessere Produktivität am Arbeitsplatz und bessere Beziehungen nachdenken. Finde heraus, wie du am besten mit ihnen umgehen kannst.

Indem du alles tust, was du kannst, um in Form zu bleiben, kannst du auch Sinnesübungen durchführen, die helfen können, deine negativen Emotionen und Gedanken zu reduzieren. Ignoriere die negativen Gedanken, die dir nutzlose Dinge erzählen. Anstatt negativ zu denken, solltest du auf der anderen Seite denken. Sag dir selbst, dass du es kannst und dass du deine Träume wahr werden lassen kannst. Betrachte deine negativen Gedanken als Herausforderungen und lass sie dich motivieren, dich mehr zu bemühen, anstatt aufzugeben.

Auf die gleiche Weise solltest du Dankbarkeit üben und dankbar sein für die Erfahrungen und Lektionen, die dein ganzes Leben lang gelehrt wurden. Anstatt über deine Fehler nachzudenken, solltest du immer daran glauben, dass schlechte Dinge passieren, um dir die richtigen Dinge beizubringen und dir zu helfen, deine Fehler zu erkennen. Das Nachdenken über die positive Seite deiner

Umstände wird dir helfen, eine positive
Mentalität zu haben. Wenn es darum geht,
Gewicht zu verlieren, sollten Sie sich
darauf konzentrieren, die Dinge zu
kennen, die Sie zum Scheitern bringen,
und sie als Motivation nutzen, ein positiver
Denker zu werden.

Wie kann man mit seinen Zielen übereinstimmen?

Die meisten Elemente im Leben sind hilfreich, um die Ergebnisse zu erzielen, die Sie erwarten, wenn es darum geht, Gewicht zu verlieren. Auf der anderen Seite ist das Wichtigste von allem dein Verstand. Wenn Sie Gewicht verlieren und mehr Fett verbrennen wollen, müssen Sie Ihren Geist konditionieren und an sich selbst glauben, dass Sie alles tun können, was nötig ist, um Ihr Ziel zu erreichen.

Eine gute und effektive Gewichtsabnahme-Mentalität wird Ihnen sehr helfen. Das gibt dir Motivation und Kraft, dich Herausforderungen zu stellen. Mit diesen Dingen wird es für dich einfacher sein, die Hindernisse und Versuchungen zu überwinden, die auf deinem Weg entstehen können. Eine gute, positive Gewichtsabnahme-Mentalität hilft Ihnen, langfristige Veränderungen zu fördern und einen gesunden, normalen Lebensstil zu erreichen.

Wenn Sie es wirklich ernst meinen mit der Gewichtsabnahme und bereits eine positive Mentalität entwickelt haben, sollten Sie nach Wegen suchen, sie aufrechtzuerhalten und die Veränderungen, die sie in Ihr Leben bringen kann. Hier sind einige Dinge, die du tun kannst, um mit den Mentalitätsveränderungen Schritt zu halten, die du hast:

- *Erinnern Sie sich an Ihre Ziele* - um vollständige und erfolgreiche Gewichtsabnahmeergebnisse zu erzielen, müssen Sie sich an die Ziele erinnern, die Sie erreichen wollen. Sie können alle Ihre Ziele zur Gewichtsabnahme aufschreiben. Um dein Denken zu motivieren, musst du genau wissen, was du wirklich erreichen willst. Machen Sie einen festen Zeitplan, wann Sie weitere Änderungen sehen sollten. Stellen Sie sicher, dass Ihre Ziele erreichbar und messbar sind. Ein wesentliches Ziel ist ein Ziel, für das Sie verantwortlich gemacht werden können. Ein gutes Beispiel dafür ist der Verlust eines bestimmten Prozentsatzes an Fett, der bis zu einem bestimmten Datum erreicht sein muss.

- *Denken Sie an Ihre Ziele in Ihrem täglichen Leben* - Sie müssen alle Ziele, die Sie in Ihrem Journal geschrieben haben, überprüfen, einschließlich der Zeitpläne. So stellen wir sicher, dass Sie auf dem richtigen Weg sind. Du wirst dich vielleicht fragen, ob die Aktionen, die du für einen bestimmten Tag unternommen hast, dich deinen Zielen näher gebracht haben oder nicht.

- *Zielt auf kleinere, kürzere Ziele* - Sie können die langfristigen Ziele, die Sie haben, in kleinere, überschaubare Ziele unterteilen. Auf diese Weise werden Sie feststellen, dass sie weniger schwierig zu tun sind, so dass Sie motivierter sind, Ihre positive Mentalität zu bewahren, um die kontinuierlichen Veränderungen zu erreichen, die innerhalb und außerhalb Ihres Körpers stattfinden. Anstatt zu denken, dass Sie innerhalb eines Jahres 50 Pfund verlieren müssen, sollten Sie sich darauf konzentrieren, jede Woche ein Pfund zu verlieren, weil es einfacher zu erreichen ist. Auf diese Weise wird Ihr Mentalitätswechsel weitergehen.

- Ändern Sie Ihren Fokus - Sie müssen die negativen Aspekte der Gewichtsabnahme vergessen. Zu diesen Aspekten gehört auch das Gefühl der Entbehrung. Anstatt sich um sie zu sorgen, sollten Sie Ihre Aufmerksamkeit auf die positiven Aspekte der Gewichtsabnahme richten. Du kannst darauf achten, wie deine Kleidung aussieht und wie dein Körper darauf reagiert.

- Denken Sie mehr darüber nach, gesund zu sein - Sie sollten sich nicht über Ihren Traum vom Abnehmen hinwegsetzen. Sie sollten auf die Verbesserung Ihrer Gesundheit achten,

die Ihre Lebensqualität verbessert. Sie müssen Lebensmittel essen, die Ihre Gesundheit verbessern, anstatt Lebensmittel, die in erster Linie für die Gewichtsabnahme bestimmt sind.

Fazit

Wie das, was in den vorangegangenen Kapiteln besprochen wird, möchten wir Sie in diesem letzten Kapitel an die Bedeutung einer guten Mentalität erinnern. Wenn es um Ziele geht, ob es um Gewichtsabnahme geht oder nicht, werden Sie sehen, dass die Änderung Ihrer Denkweise der erste und wichtigste Aspekt ist, der Sie zum Erfolg führen wird. Wenn es darum geht, Gewicht zu verlieren, wie kann ein Mentalitätswechsel für Sie von Vorteil sein?

Die Suche nach einer Änderung der Art und Weise, wie Sie über Gewichtsabnahme nachdenken, wird Ihnen mehrere Vorteile bringen, einschließlich:

- Eine positive Mentalität wird Sie selbstbewusster fühlen lassen - um körperlich fit zu sein, müssen Sie Ihren Geist in Ordnung bringen und die übliche Art und Weise vergessen, wie Sie Gewichtsabnahme sehen. Ein Umdenken ist der erste Schritt zu einem effektiven Plan zur Gewichtsabnahme. Ohne einen starken Willen und eine Entschlossenheit, die durch positives Denken hervorgerufen wird, wird es für dich schwieriger sein, das zu bekommen, was du willst. Wenn Sie Ihre Meinung ändern, werden Sie sich selbstbewusster fühlen und in der Lage sein, sich den Herausforderungen zu stellen, das für Sie richtige Gewicht zu halten. Bei der Gewichtsabnahme muss der Besitz einer positiven Mentalität dauerhaft aufrechterhalten werden. Dies wird Ihnen mehr Selbstvertrauen geben, um die Ergebnisse, die Sie heute genießen, während Ihres gesamten Lebens zu erhalten.

- *Eine Änderung Ihres Denkens führt zu einem normalen Gesundheitszustand* - wenn Sie die negative Art und Weise ändern, wie Sie über Gewichtsabnahme denken, werden Sie feststellen, dass die Erreichung der allgemeinen Gesundheit einfacher zu erreichen ist. Die Änderung der Art und Weise, wie Sie denken, wird Ihnen nicht nur helfen, erfolgreich mit Ihrem Gewichtsverlust Plan, es wird auch zeigen, eine gesündere Lebensweise.

- Eine Änderung deiner Denkweise wird es dir ermöglichen, eine optimistische Person zu werden - du solltest deine Denkweise ändern und du musst ein positiver Denker werden, wenn du wirklich aufrichtig darüber bist, wie du einen attraktiveren Körper erreichen kannst. Die Veränderung der gewohnten Umgebung und des Glaubens Ihres Verstandes, wenn es darum geht, Gewicht zu verlieren, wird Ihnen helfen, optimistisch zu sein. Optimismus ist eine gute Einstellung, die man haben muss, um abzunehmen: Wusstest du, dass das, was dein Geist empfangen kann, dein

Körper erreichen kann?

- *Eine Änderung deiner Denkweise wird dich gut fühlen lassen -* wenn du sagst, dass du deine Denkweise ändern musst, bedeutet das, dass du deine negativen Einstellungen wie Pessimismus vergessen musst, da sie dich vom Erfolg fernhalten wird. Wenn Sie wirklich auf eine gesunde und sichere Weise abnehmen wollen, müssen Sie sich selbst sagen, dass Sie es tun können. Doch Worte allein reichen nicht aus, um Ihre Ziele zu erreichen. Wussten Sie, dass dies zwei der wichtigsten Schlüssel sind, die Ihnen helfen werden, eine dramatische Veränderung in Ihrem Körper zu erreichen?

All dies sind die Vorteile, die Sie erhalten können, wenn sich Ihr Denken geändert hat. Wie Sie sehen können, wird die Entscheidung, Ihre gewohnte Denkweise zu ändern, Ihnen helfen, mehr zu bekommen, abgesehen von den Ergebnissen der Gewichtsabnahme, die

Sie erwarten. Also, worauf wartest du noch? Sie sollten Ihren Kampf beginnen, um Ihr Denken zu ändern, bevor Sie die anderen Schritte in Ihrem Plan zur Gewichtsabnahme unternehmen. Denken Sie daran, dass eine Gewichtsabnahme am besten erreicht werden kann, wenn Sie sich auf Ihr geistiges und nicht auf Ihr körperliches Aussehen konzentrieren. Egal was passiert, dein Verstand ist immer noch der Chef. Behalte diese Dinge im Hinterkopf und du wirst sicherstellen, dass du erfolgreich bist. Es mag kein einfacher Weg sein, aber er kann sicherlich erreicht werden, vor allem, wenn Sie den Rat, den dieses Buch Ihnen gegeben hat, in die Praxis umsetzen. Ich wünsche dir viel Glück und denke daran, dass alles möglich ist!

Jetzt ja, ich wünsche dir das Beste für deine Ergebnisse, und denk daran, alles ist praktisch; Theorie ohne Handeln nützt dir nichts.

Eine große Umarmung, deine Freundin,

Jessy!

Übrigens, wenn Sie Ihre Ergebnisse nach und nach erreichen, empfehle ich Ihnen sehr, wenn Sie viel mehr über Methoden zum Abnehmen erfahren möchten, mein Buch über "Wie man den CETOGENIC DIET OHNE AUFHÖREN DES Essens herstellt", ist ein Buch, das Ihnen sicher viel auf dem Weg zu "guter Gesundheit" helfen wird.

Ohne weiteres finden Sie es in der Amazon-Suchmaschine, wie: "Wie man die ketogene Ernährung macht, ohne mit dem Essen aufzuhören" oder nach meinem Namen suchen, wie: "Jessy M. Brown"..... Ich wünsche Ihnen noch einmal viel Erfolg bei Ihren Ergebnissen!